François Chausson

L'imperatore Claudio
breve introduzione alla vita e al regno

«L'ERMA» di BRETSCHNEIDER

CLAUDIO IMPERATORE
Messalina, Agrippina e le ombre di una dinastia

Museo dell'Ara Pacis
6 aprile - 27 ottobre 2019

Roma Capitale

Virginia Raggi
Sindaca

Luca Bergamo
*Vice Sindaco con delega
alla Crescita culturale*

**Sovrintendenza Capitolina
ai Beni Culturali**

Maria Vittoria Marini Clarelli
*Sovrintendente Capitolina
ai Beni Culturali*

Comunicazione e Relazioni Esterne
Teresa Franco, *Coordinamento*
Filomena La Manna
con Luca D'Orazio

Restauro e Nuove Collocazioni
Anna Maria Cerioni, *Responsabile*
Marina De Santis
Federica Giacomini
Nicola Panico
Brunella Serianni

Museo dell'Ara Pacis

*Direzione Musei Archeologici
e Storico-Artistici*
Claudio Parisi Presicce, *Direttore*

Coordinamento e gestione
Orietta Rossini

Attività didattiche e divulgative
Lucia Spagnuolo

Mostre e Attività Espositive e Culturali
Federica Pirani, *Coordinamento*
Monica Casini
Isabella Colucci
Sabrina Putzu

Allestimenti Spazi Espositivi e Mostre
Lucia Pierlorenzi
con Simonetta De Cubellis

*Revisione Conservativa delle opere
e Restauri*
Ombretta Bracci
con Elda Occhinero

Zètema Progetto Cultura

Francesca Jacobone
Presidente

Remo Tagliacozzo
Amministratore Delegato

Roberta Biglino
Direttore Generale

Coordinamento
Claudio Di Biagio
con Claudia Di Lorenzo,
Francesca Plonski
e Katia Marras

Progetto di allestimento
Damiano Cavarra
e Maria Teresa Giuffrè
con Daniele Massimi

Promozione e Comunicazione
Patrizia Morici *con* Gabriella Gnetti,
Ufficio Stampa
Luisa Fontana *con* Natalia Lancia *e*
Claudia Cappelli, *Promozione*
Dario di Gennaro, *Progetto Grafico*
Patrizia Bracci *con* Marta Barberio
Corsetti, *Relazioni Pubbliche*

*Revisione Conservativa
delle Opere*
Sabina Marchi, *Coordinamento*
con Maria Rotondi
Simona Nisi *e*
Fiorella Antonelli
Lucia Agresta
Elena Borgiani
Patrizia Carducci
Elena Carnesecchi
Elisabetta Cipriani
Monica Cutrì
Daniela Deriu
Daniela Di Giovandomenico
Giovanni Forgia
Valeria Monferà

*Mostra ideata dal
Musée des Beaux-Arts, Lyon*
Geneviève Galliano
e François Chausson

*Ideazione e progetto di catalogo della
mostra* Claude (Lyon, 10 avant J.-C.-
Rome, 54 après J.-C.). Un empereur au
destin singulier
a cura di François Chausson
e Geneviève Galliano

**Mostra e Catalogo nell'edizione
italiana a cura di**
Claudio Parisi Presicce
Lucia Spagnuolo

*Ideazione del progetto di allestimento
multimediale*
Orietta Rossini

Coordinamento tecnico-scientifico
Claudio Parisi Presicce
Lucia Spagnuolo
Orietta Rossini

Collaborazione alla curatela
Claudia Cecamore
Maria Gabriella Lilli
Carla Martini
Maria Cristina Molinari
Lucrezia Ungaro

Apparati didattici a cura di
Orietta Rossini
Lucia Spagnuolo

Scenografia dell'allestimento
Giovanni Carluccio

Ideazione video installazioni
lineapuntolinea

Regia video
Luca Scarzella
Davide Sgalippa

Ambientazione sonora
Riccardo Castaldi

Riprese Video
Luca Condorelli
Post Produzione
Anna Frigo
Michele Innocente
Costumi
Martina Sgalippa

Video ricostruttivi in mostra

Portus. Un porto antico
a cura di *Lugdunum - Musée et
théâtres romains*
e École nationale supérieure
d'architecture de Lyon
in collaborazione con
École française de Rome
Université de Lyon

Templum Divi Claudii
a cura di Katatexilux
con il coordinamento tecnico-
scientifico della Sovrintendenza
Capitolina

Si ringraziano per gli estratti dei film
Cinémathèque française
Istituto Luce - Cinecittà
Centro Sperimentale di
Cinematografia-Cineteca Naziona

Realizzazione dell'allestimento
Tagi2000

Realizzazione della grafica della mo
SP Systema

Tecnologie audio e video
AV Set Produzioni

Traduzioni
Parole di Alessandra Angelini

Trasporti e Movimentazioni
Apice Roma
Liguigli Fine Arts Service
LP Art
Kunsttrans
Momart

Assicurazioni
GB Sapri
Alessandra e Cesare d'Ippolito
UNIQA

François Chausson

L'imperatore Claudio
breve introduzione alla vita e al regno

traduzione in italiano di Claudia Gatta

© 2019 «L'ERMA» di BRETSCHNEIDER

ISBN 978-88-913-1854-1 (cartaceo)
ISBN 978-88-913-1856-5 (digitale)

in collaborazione con

SOMMARIO

Dettaglio della processione dei membri della famiglia imperiale rappresentati sull'Ara Pacis Augustae: in primo piano, Antonia Minore e Druso Maggiore, i genitori di Claudio, con il fratello Germanico (9 a.C.).

Premessa

Chi si ricorda di Claudio? Quarto imperatore romano dopo Augusto (27 a.C.-14 d.C.), Tiberio (14-37 d.C.) e Caligola (37-41 d.C.), e predecessore di Nerone (54-68 d.C.), Claudio fa una pallida figura al loro confronto; come se la sua evanescente effigie imperiale, simile più ad un profilo sfuggente, si eclissasse in mezzo a quei nomi celebri e altisonanti. Da imperatore la sua politica è adombrata dalle personalità eminenti delle mogli Messalina e Agrippina, ed è soprafatta dalle strategie di successione che privilegiano il figlio adottivo Nerone a discapito del figlio biologico Britannico. La lettura di Svetonio e di Tacito contribuisce a screditare la figura di questo principe, zoppo e balbuziente, perso nei fumi dell'erudizione. Quest'immagine convenzionale dell'imperatore Claudio è tuttavia un'approssimazione fuorviante.

Cammeo con ritratto di Claudio, Londra British Museum.

Claudio salì al potere all'età di cinquant'anni e regnò con autorità per più di tredici anni. Si impegnò in favore dello sviluppo dell'Impero Romano, fornendo alla città di Roma infrastrutture degne di una capitale mondiale, assicurando il benessere della sua popolazione; egli annesse inoltre ai possedimenti dell'Impero cinque nuove province, includendo la futura Inghilterra nell'orbita continentale.

L'immagine di un principe debole, di un burattino nelle mani delle sue mogli, viene smentita da un'analisi accurata della sua vita privata e dalla sua politica. È necessario sottolineare la levatura e l'autorevolezza del capo di Stato a guida di un impero mondiale, volto a garantire il necessario *consensus* politico tra l'aristocrazia al governo - riunita nel Senato -, l'ordine equestre, l'esercito, il Popolo di Roma e l'*entourage* di corte, composto da favoriti appartenenti a ranghi differenti, fino ai ministri liberti imperiali.

FRANÇOIS CHAUSSON

Claudio come Giove (marmo), Città del Vaticano Musei Vaticani, Museo Pio Clementino.

I - La vita di Claudio prima della sua ascesa

La dinastia giulio-claudia

Claudio nacque in seno alla dinastia regnante, discendente dalla famiglia di Augusto; nonostante questo, l'atteggiamento della famiglia nei suoi confronti non faceva presagire ciò che sarebbe diventato mezzo secolo più tardi. Suo padre era Druso, fratello minore di Tiberio, entrambi figli di primo letto di Livia. Sua madre era Antonia, figlia di Marco Antonio e di Ottavia, sorella di Augusto. Augusto era dunque suo prozio e Livia sua nonna: sia da parte paterna che materna, Claudio era strettamente legato alla famiglia giulio-claudia.

Il padre di Claudio, Druso, nacque nel 38 a.C., poche settimane dopo le seconde nozze di sua madre Livia con Augusto; ciò diede adito a molti pettegolezzi sull'effettiva paternità del neonato. Venne cresciuto con il fratello maggiore Tiberio nella casa di Augusto. A partire dagli anni Venti entrambi i giovani ricevettero onori e incarichi militari che li collocavano per importanza subito dopo Marcello, nipote e genero di Augusto.

Poco più che ventenne, Druso ricevette in sposa la nipote preferita di Augusto, Antonia, figlia di Marco Antonio e Ottavia, nata intorno al 36 a.C. Dal 16 al 9 a.C. ebbero molti figli, solo tre dei quali raggiunsero l'età adulta: Germanico, nato nel 15 a.C., Livilla nata verso il 14-11 a.C. e Claudio.

La nascita a Lione

Nel 15 a.C. Druso partì per la Gallia. La sua missione rientrava nell'ambizioso progetto di conquista delle Alpi, della Germania e delle regioni dell'Alto Danubio, con l'obiettivo di garantire la sicurezza dell'Italia e delle Gallie, dove Augusto era già intervenuto nel 16 a.C. a causa di un'incursione dei Sigambri.

Druso si trasferì con la famiglia a Lione, mentre suo fratello Tiberio si stabilì nelle retrovie ad Aquileia. Durante la permanenza in queste regioni settentrionali vennero al mondo: Druso Minore, figlio di Tiberio, nato probabilmente ad Aquileia intorno al 15 a.C.; forse Livilla, figlia di Druso e Antonia, nata verso il

Aureus di Claudio, Lione, anni 43-44, dritto. Tesoro di Lentilly.

François-André
Vincent (Parigi,
1746-1816)
*Germanico placa
la rivolta nel suo
accampamento.*

14-11 a.C. a Lione; e certamente
Claudio, nato il primo agosto 10
a.C. sempre a Lione. Negli stessi
anni nacque ad Atene Agrippina,
figlia di Agrippa e Giulia (allo
stesso modo i suoi figli nasceran-
no in Germania, dove suo marito
Germanico sarà comandante).

Durante i suoi viaggi nelle Gallie e in Spagna tra il 16 e il 13 a.C.
(così come aveva fatto dal 26 al 23
a.C.), Augusto si trovò saltuaria-
mente in territorio lionese, dove
suo genero Druso e sua nipote Antonia si erano stabiliti. Lione, colonia romana fondata una trentina

d'anni prima e testa di ponte della romanizzazione, fungeva da sede e residenza invernale di Druso. Il primo agosto del 12 a.C. fu consacrato qui il grande santuario federale dei sessanta popoli della Gallia Comata o altare delle Tre Gallie, situato alla confluenza della Saona e del Rodano. Sopra l'area urbana della colonia romana, alle pendici della collina di Fourvière, al di sopra del teatro, si trovava probabilmente la residenza del governatore dove soggiornò la famiglia di Druso e dove nacque Claudio.

Druso morì per una caduta da cavallo a Magonza nel 9 a.C., e lì fu eretto un cenotafio in sua memoria. Ricevette delle onorificenze postume. Ai suoi discendenti maschi fu concesso di portare il soprannome *Germanicus*. Oltre a Claudio lo presero: il fratello Germanico; il nipote, figlio della sorella Livilla, morto bambino; il figlio Britannico, in seguito all'ascesa di Claudio all'Impero; Caligola, figlio di Germanico, quando divenne imperatore; infine Nerone, quando fu adottato da Claudio. La vedova Antonia rientrò con i figli in Italia, dove visse per altri quarantasei anni, senza mai risposarsi. Apprezzata da Augusto, godette inoltre di una forte influenza alla corte del cognato Tiberio, per poi essere ricoperta di onori dal nipote Caligola.

L'educazione di Claudio

Claudio crebbe alla corte imperiale, dove ricevette un'educazione erudita. Il suo fragile stato di salute convinse Augusto ad esclu-

Ritratto di Caligola, rilavorato come Claudio, rinvenuto a Otricoli (*Ocriculum*) nel 1779. Città del Vaticano, Musei Vaticani, Museo Pio Clementino.

derlo dagli affari, anche se il giovane riuscì ad entrare nel collegio sacerdotale degli àuguri. La parziale disabilità che lo afflisse durante la sua giovinezza lo escluse dalla spietata corsa al potere che contrapponeva i discendenti di Augusto e di Livia. I suoi handicap, che sembrano diminuire con l'età, suscitarono il disprezzo da parte di diversi membri della sua famiglia (la madre Antonia, la sorella Livilla e soprattutto lo stesso Augusto). Claudio fu eclissato in special modo dal fratello maggiore, il talentuoso Germanico, su cui Augusto riponeva grandi speranze.

Ritratto di
Agrippina
Maggiore.
Roma, Musei
Capitolini.

I fidanzamenti e i matrimoni di Claudio

Appartenere alla famiglia imperiale significava non poter condurre una vita isolata. Sull'effettiva assenza del giovane Claudio dalle le cerimonie pubbliche permangono delle perplessità. la sua parentela con Augusto lo rese, al pari degli altri ragazzi e ragazze della famiglia, uno strumento della politica matrimoniale della casa imperiale. Fino al regno di Tiberio, infatti, i fidanzamenti e i matrimoni erano dettati da interessi politici, frutto di alleanze di circostanza.

Il primo fidanzamento di Claudio fu innegabilmente prestigioso: nello stesso periodo in cui suo fratello Germanico sposò Agrippina Maggiore, nipote di Augusto, egli fu fidanzato, tra i 14 e i 18 anni, con Emilia Lepida, figlia di Giulia, pronipote di Augusto; ma l'esilio della madre della sposa mise fine a questo progetto d'unione. Intorno all'anno 8, si fidanzò con Livia Medullina, una giovane parente di Livia; purtroppo l'idillio durò poco: la futura sposa morì il giorno previsto per le nozze. Poco dopo, tra gli anni 8 e 12, il giovane Claudio si sposò con Plauzia Urgulanilla, nipote di una grande amica di Livia. La coppia ebbe un primo figlio, ma verso il 24 la moglie fu ripudiata a causa di uno scandalo che colpì la sua famiglia; Claudio rifiutò di riconoscere la sua secondogenita, che Urgulanilla aveva appena dato alla luce, dando credito a indiscrezioni che pretendevano ch'ella fosse frutto di un'unione adulterina. Nel

Si è soliti immaginare Claudio trascorrere la sua giovinezza in mezzo ai libri, e senza dubbio ciò corrisponde in gran parte al vero. Egli divenne membro del Senato solamente verso i cinquant'anni, sotto Caligola. Questo relativo distacco dalle dinamiche di corte lo rese un sopravvissuto: escluso dalla competizione per il potere, riuscì infine ad ottenerlo, al contrario di suo fratello, suo cugino e i suoi nipoti, che morirono uno dopo l'altro.

frattempo Claudio concluse accordi per un nuovo matrimonio con Elia Petina, parente del potentissimo prefetto del pretorio Seiano; inoltre, il figlio avuto da Urgulanilla fu fidanzato con la figlia di Seiano, ma morì accidentalmente. Dall'unione con Petina nacque, intorno al 25-27, Antonia ma la fine di Seiano nel 31 fece sì che Claudio si separasse anche da questa moglie.

Claudio e i suoi predecessori: un percorso politico

Claudio divenne imperatore molto tardi: nonostante fosse nato all'interno della famiglia imperiale giulio-claudia, non era destinato a regnare. Le rivalità dinastiche, le estromissioni e le morti premature fecero sì però che egli si ritrovasse in prima fila quando il potere fu vacante, in seguito ad un complotto. Gran parte della sua vita trascorse durante i regni del prozio Augusto, dello zio Tiberio e del nipote Caligola. Nell'insidioso mondo della corte imperiale Claudio dovette la sua sopravvivenza alla sua grande prudenza e alla sua posizione marginale, in parte imposta; ciò gli permise di maturare una notevole esperienza politica che seppe mettere a frutto durante il suo regno.

- Augusto

Claudio trascorse i primi ventiquattro anni della sua vita sotto il principato del prozio Augusto.

Ritratto di Germanico rinvenuto a Cordoba (Spagna). Parigi, Museo del Louvre.

Ritratto di Augusto con corona gemmata. Roma, Musei Capitolini, Palazzo Nuovo.

Svetonio riporta alcune lettere di Augusto a Livia, nelle quali l'imperatore raccomandava l'esclusione di Claudio dalle manifestazioni pubbliche; ma i prestigiosi fidanzamenti del giovane all'interno del circolo familiare imperiale dimostrano invece che

Minore, dimostrano che essi erano destinati a svolgere un grande ruolo politico.

Alla nascita di Claudio nel 10 a.C., Augusto deteneva il potere assoluto da vent'anni, dopo decenni di violente crisi che avevano danneggiato le istituzioni dello Stato romano. Egli diede origine ad un regime interamente incentrato sulla figura del Principe, primo membro del Senato, dotato di poteri di comando superiori. Non avendo avuto figli maschi, Augusto si occupò assai presto della propria successione. Usò la sua unica figlia Giulia come strumento, imponendole i mariti (Marcello, Agrippa e poi Tiberio) e adottando i nipoti che ella gli diede, Gaio e Lucio Cesare (Marcello, Agrippa e poi Tiberio) e i nipoti che ella gli diede, Gaio e Lucio Cesare, e che Augusto adottò. Ma questi ultimi morirono giovanissimi e l'imperatore fu costretto nel 4 ad adottare Tiberio, che a sua volta ebbe l'obbligo di adottare Germanico, fratello di Claudio. Nello scenario della successione, il fratello e le sorelle di Claudio occuparono un posto di riguardo.

egli era perfettamente integrato. Sotto Augusto, Claudio fu cooptato tra gli àuguri, uno dei quattro maggiori collegi sacerdotali della religione pubblica romana. Nel 12 partecipò ai *Ludi Martiales* (giochi dedicati a Marte) e organizzò il banchetto dei sacerdoti con l'ordine di seguire i consigli del cognato Plauzio Silvano. Le apparizioni pubbliche di Claudio restavano comunque circoscritte alle occasioni religiose, ambito nel quale il giovane eccelleva; a suo fratello Germanico fu affidato un comando in Germania, sulle orme del padre Druso. Le unioni del fratello Germanico con una nipote di Augusto, e della sorella Livilla con il nipote di Augusto Gaio Cesare e, dopo la sua morte, con il figlio di Tiberio Druso

- Tiberio

Con la morte di Augusto, il 19 agosto del 14, si verificò il primo caso di successione imperiale. Augusto fu divinizzato dal Senato; per onorare la sua memoria fu istituito un nuovo collegio sacerdotale, incaricato di organizzare il suo culto a Roma: i *sodales Augustales,* i cui membri erano appartenenti all'ordine senatoriale. Tiberio, suo figlio Druso Minore, Germanico e Claudio facevano parte di questa confraternita di sacerdoti.

L'insurrezione delle legioni germaniche permise a Germanico di dimostrare la sua fedeltà a Tiberio, ma la diffidenza persisteva nei suoi confronti e la sua morte sospetta, verificatasi in Siria nel 19, rientrava effettivamente negli interessi di Tiberio. La vedova e i figli maggiori di Germanico si posero gradualmente in aperta opposizione all'imperatore, fino alla loro esclusione politica. Altri disordini colpirono la famiglia di Claudio: l'ascesa del prefetto del pretorio Seiano fece sì che Livilla, sorella di Claudio, avvelenasse il marito Druso Minore, figlio di Tiberio, nella speranza di sposare lo stesso Seiano. Claudio, dal canto suo, ripudiò la moglie per convolare a nozze con una parente di Seiano e favorì il fidanzamento del figlio con la figlia del prefetto. Ma nel 31 Antonia (madre di Claudio, Germanico e Livilla), denunciò al principe gli intrighi di Seiano, firmando così la condanna a morte della figlia. Claudio ripudiò la nuova sposa, imparentata col prefetto caduto.

Durante il regno di Tiberio, Claudio era entrato a far parte di varie confraternite religiose e aveva ricevuto gli ornamenti consolari. Sul Campo Marzio una statua che lo ritraeva era stata eretta su di un arco edificato in onore del defunto fratello Germanico e della sua famiglia. Eppure Claudio non rivestiva ancora alcuna carica politica di rilievo.

Statua di Caligola seduto (particolare del volto). Parigi, Museo del Louvre.

- Caligola

L'ascesa di Caligola nel 37 rappresentò una svolta nella carriera politica di Claudio. Caligola si guadagnò il favore di Tiberio, sopravvivendo alla madre e ai fratelli maggiori. Egli attribuì un'importanza sempre maggiore allo zio Claudio, suo parente maschio più prossimo in una famiglia imperiale decimata. Claudio entrò a far parte del Senato, dove funse da conciliatore tra un giovane principe particolarmente emancipato e un corpo di aristocratici sempre più insofferenti. Nell'anno 39 o 40, Claudio accompagnò Caligola con un'ambasciata del Senato in Germania e poté rivedere in quell'occasione la sua città natale Lione.

Tuttavia Caligola, sempre più vicino al modello filellenico di potere, incarnato dal suo avo Antonio, smise di raccogliere consensi e cominciò a perdere l'approvazione dei senatori. Un gruppo di pretoriani fomentò il complotto: Caligola, sua moglie e sua figlia furono massacrati durante i Ludi Palatini, il 24 gennaio 41.

II - Il regno di Claudio

Le condizioni dell'ascesa

Claudio era presente quando Caligola fu eliminato. La leggenda narra che i pretoriani lo scovarono nascosto dietro una tenda e lo proclamarono imperatore. La realtà fu certamente più complessa e non sappiamo se e fino a che punto Claudio fosse coinvolto nel complotto che portò all'eliminazione del nipote. La notte seguente si svolsero delle trattative tra Claudio, i pretoriani e il Senato; vari candidati si fecero avanti, mentre altri sostenevano un ritorno alle istituzioni repubblicane. Grazie alla mediazione del principe Agrippa di Giudea, amico d'infanzia di Claudio e presente allora a Roma, il Senato decise finalmente di appoggiare Claudio, che ebbe così accesso al potere imperiale il 25 gennaio 41, all'età di cinquant'anni.

La politica generale di Claudio

Ebbe inizio allora il regno di un grande manager e amministratore. Il regime imperiale istituito da Augusto si fondava sul *consensus* tra il Principe, il Senato, l'esercito e il popolo. Tra gli obblighi da adempiere nella gestione quotidiana dell'impero rientravano: gli incontri con le ambasciate di comunità civili o regionali in Italia e nelle province, o con le delegazioni di re stranieri; la corrispondenza con i governatori delle province imperiali; la partecipazione alle principali cerimonie di Stato. La sua grande cultura religiosa e giuridica lo preparò a svolgere tutte queste mansioni. Nondimeno egli prese coscienza delle dimensioni progressivamente crescenti dell'Impero e dei numerosi compiti spettanti all'imperatore. Per la gestione del suo patrimonio (l'imperatore è il primo proprietario del mondo romano), si affidò all'ordine equestre e ai liberti. Istituì sul Palatino degli uffici centrali atti principalmente alla gestione della corrispondenza imperiale e delle finanze; ne affidò l'amministrazione a dei talentuosi e brillanti liberti, tra cui Narciso, Callisto e Pallante. Anche se i cavalieri svolsero un ruolo sempre più importante nell'amministrazione dei beni del principe, va tuttavia ricordato che Claudio tenne il Senato e l'ordine equestre con il pugno di ferro, al punto che durante il suo regno furono uccisi trentacinque senatori e trecento cavalieri romani.

Alcuni documenti aiutano a ricostruire gli orientamenti dell'amministrazione di Claudio. La lettera che egli inviò agli alessandrini nel 41, a proposito delle ostilità tra le comunità ebraica e greca di quella città, manifesta la ricerca di un certo equilibrio. Se da un lato accoglieva le richieste dei greci di Alessandria (ad esclusione della restituzione di un consiglio comunale), ingiungendo comunque loro di rispettare le pratiche e le tradizioni degli ebrei della città, dall'altro respingeva le richieste presentate separatamente dalla comunità ebraica. Dalla sua residenza di Baia, in Campania, Claudio concesse la cittadinanza romana anche alle popolazioni alpine a nord di Trento, dove era già abitudine considerarsi cittadini romani (una copia del documento è incisa su una tavola bronzea, detta *Tabula Clesiana*).

Un grande atto di governo fu costituito dall'assunzione della censura nell'aprile del 47, funzione che Claudio mantenne e condivise con l'amico Lucio Vitellio fino al 48. Era dal 14, dai tempi di Augusto e Tiberio, che questa carica non veniva ricoperta da un imperatore. Fu l'occasione per contabilizzare le risorse umane e finanziarie dell'Italia e delle province; per di più, il censimento comportò una completa revisione degli status giuridici e delle imposte previste per i singoli e le comunità. Fu in questo contesto che Claudio pronunciò davanti al Senato un memorabile discorso in favore della concessione del diritto latino (già ottenuto dalla Gallia Narbonese un secolo prima) alla Gallia Comata denominata anche Tre Gallie. Il testo originale è riportato sulla *Tabula Claudiana*, rinvenuta nel XVI secolo nei pressi del santuario federale delle Tre Gallie di Lione; Tacito ne ha prodotto una versione rielaborata nei suoi *Annales*. Il provvedimento facilitò l'integrazione delle popolazioni provinciali e favorì l'accesso dell'*élite* delle Tre Gallie ad incarichi senatoriali.

Questi pochi casi dimostrano come, dopo i regni di Tiberio e di Caligola, Claudio riprese la politica di integrazione provinciale precedentemente promossa da Cesare ed Augusto, ridefinendo profondamente le strutture del governo centrale.

La politica militare

Le quasi trenta legioni, composte da cittadini romani, e i corpi ausiliari, composti da *peregrini* (provinciali che vivono secondo le proprie leggi e non beneficiano della cittadinanza romana), erano dislocati in province amministrate direttamente dal Principe per mezzo di governatori di grado senatoriale o equestre. Claudio si preoccupò di rafforzare le frontiere in diversi punti. A partire dal 41 Mitridate fu reinsediato sul trono di Armenia; Claudio restituì poi la Commagene alla dinastia degli Orontidi.

Fu forse intorno al 48 che Claudio riorganizzò le truppe ausiliarie, affidate ai cavalieri, rendendole presidi sempre più autonomi rispetto alle legioni. Dal 52 apparve un nuovo tipo di documento: il

...MAE[.]ERVM· NO[...]
E·QVIDEM·PRIMAM·O[........]VM·IELAM·COGITATIONEM·HOMINVM·QVAM
MAXIME·PRIMAM·OCCVRSVRAM·MIHI·PROVIDEO·DEPRECOR·NE
QVASI·NOVAM·ISTAM·REM·INTRODVCI·EXHORRESCATIS·SED·ILLA
POTIVS·COGITETIS·QVAM·MVLTA·IN·HAC·CIVITATE·NOVATA·SINT· ET·
QVIDEM·STATIM·AB·ORIGINE·VRBIS·NOSTRAE·IN·QVOD·FORMAS
STATVSQVE·RES·P·NOSTRA·DIDVCTA·SIT

QVONDAM·REGES·HANC·TENVERE·VRBEM·NEC·TAMEN·DOMESTICIS·SVCCES
SORIBVS·EAM·TRADERE·CONTIGIT·SVPERVENERE·ALIENI·ET·QVIDAM·EXTER
NI·VT·NVMA·ROMVLO·SVCCESSERIT·EX·SABINIS·VENIENS·VICINVS·QVI
DEM·SED·TVNC·EXTERNVS·VT·ANCO·MARCIO·PRISCVS·TARQVINIVS·
PROPTER·TEMERATVM·SANGVINEM·QVOD·PATRE·DEMARATHO·CO
RINTHIO·NATVS·ERAT·ET·TARQVINIENSI·MATRE·GENEROSA·SED·INOPI
VT·QVAE·TALI·MARITO·NECESSE·HABVERIT·SVCCVMBERE·CVM·DOMI·RE
PELLERETVR·A·GERENDIS·HONORIBVS·POST·QVAM·ROMAM·MIGRAVIT
REGNVM·ADEPTVS·EST·H·VIC·QVOQVE·ET·FILIO·NEPOTI·VE·EIVS·NAM·ET
HOC·INTER·AVCTORES·DISCREPAT·INSERTVS·SERVIVS·TVLLIVS·SI·NOSTROS
SEQVIMVR·CAPTIVA·NATVS·OCRESIA· SI·TVSCOS·CAELI·QVONDAM·VI
VENNAE·SODALIS·FIDELISSIMVS·OMNISQVE· EIVS·CASVS·COMES · POS
QVAM·VARIA·FORTVNA·EXACTVS·CVM·OMNIBVS·RELIQVIS·CAELIANI
EXERCITVS·ETRVRIA·EXCESSIT·MONTEM·CAELIVM·OCCVPAVIT·ET·A·DVCE·SVO
CAELIO·ITA·APPELLITATVS·MVTATOQVE·NOMINE·NAM·TVSCE·MASTARNA
EI·NOMEN·ERAT·ITA·APPELLATVS·EST·VT·DIXI·ET·REGNVM·SVMMA·CVM·REI
P·VTILITATE·OPTINVIT·DEINDE·POST·QVAM·TARQVINIS·SVPERBI·MORES·I
VISI·CIVITATI·NOSTRAE·ESSE·COEPERVNT·QVA·IPSIVS·QVA·FILIORVM·E
NEM·PE·PERTAESVM·EST·MENTES·REGNI·ET·AD·CONSVLES·ANNVOS·MAGI
TRATVS·ADMINISTRATIONE·IT·TRANSLATA·EST

QVID·NVNC·COMMEMOREM·DICTATVRAE·HOC·IPSO·CONSVLARI·IMPE
RIVM·VALENTIVS·REPERTVM·APVD·MAIORES·NOSTROS·QVO·IN·A
PERIORIBVS·BELLIS·AVT·IN·CIVILI·MOTV·DIFFICILIORE·VTERENTVR
AVT·IN·AVXILIVM·PLEBIS·CREATOS·TRIBVNOS·PLEBEI·QVID·A·CONS
LIBVS·AD·DECEMVIROS·TRANSLATVM·IMPERIVM · SOLVTOQVE·POST
DECEMVIRALI·REGNO·AD·CONSVLES·RVSVS·REDITVM QVID·IN
R·SD·STRIBVTVM·CONSVLARE·IMPERIVM·TRIBVNOS·QVE·MI
CONSVLARI·IMPERIO·APPELLATOS·QVI·SENI·ET·SAEPE·OCTONI·CREAREN
TVR·QVID·COMMVNICATOS·POSTREMO·CVM·PLEBE·HONORES·NON·IMPERI
SOLVM·SED·SACERDOTIORVM·QVOQVE·IAM·SI·NARREM·BELLA·A·QVIBVS
COEPERINT·MAIORES·NOSTRI·ET·QVO·PROCESSERIMVS·VEREOR·NE·NIMI
INSOLENTIOR·ESSE·VIDEAR·ET·QVAESISSE·IACTATIONEM·GLORIAE·PRO
LATI·IMPERI·VLTRA·OCEANVM· SED·ILLOC·POTIVS·REVERTAR·CIVITATEM

Tabula Claudiana. Lione, bronzo, *Lugdunum* Musée et théâtres romains (vedi scheda 111).

...DIVVSAV............................SET·PATRVVS·TI
CAESAR·OMN.....MFLOREM·VBIQVE·COLONIARVM·AC·MVNICIPIORVM·BO..
NORVM·SCILICET·VIRORVM·ET·LOCVPLETIVM·IN·HAC·CVRIA·ESSE·VOLVIT
QVID·ERGO·NON·ITALICVS·SENATOR·PROVINCIALI·POTIOR·EST   IAM
VOBIS·CVM·HANC·PARTEM·CENSVRAE·MEAE·ADPROBARE·COEPERO·QVID
DE·EA·RE·SENTIAM·REBVS·OSTENDAM·SED·NE·PROVINCIALES·QVIDEM
SI·MODO·ORNARE·CVRIAM·POTERINT·REICIENDOS·PVTO
NATISSIMAE·ECCE·COLONIA·VALENTISSIMA·QVE·VIENNENSIVM·QVAM
ONGO·IAM·TEMPORE·SENATORES·HVIC·CVRIAE·CONFERT·EX·QVA·COLO
NIA·INTER·PAVCOS·EQVESTRIS·ORDINIS·ORNAMENTVM·L·VESTINVM·FA
MILIARISSIME·DILIGO·ET·HODIEQVE·IN·REBVS·MEIS·DETINEO·CVIVS·LIBE
RI·FRVANTVR·QVAESO·PRIMO·SACERDOTIORVM·GRADV·POST·MODO·CVM
ANNIS·PROMOTVRI·DIGNITATIS·SVAE·INCREMENTA·VT·DIRVM·NOMEN·LA
TRONIS·TACEAM·ET·ODI·ILLVD·PALAESTRICVM·PRODIGIVM·QVOD·ANTE·IN·DO
MVM·CONSVLATVM·INTVLIT·QVAM·COLONIA·SVA·SOLIDVM·CIVITATIS·ROMA
NAE·BENEFICIVM·CONSECVTA·EST·IDEM·DE·FRATRE·EIVS·POSSVM·DICERE
MISERABILI·QVIDEM·INDIGNISSIMO·QVE·HOC·CASV·VT·VOBIS·VTILIS
SENATOR·ESSE·NON·POSSIT

TEMPVS·EST·IAM·TI·CAESAR·GERMANICE·DETEGERE·TE·PATRIBVS·CONSCRIPTIS
QVO·TENDAT·ORATIO·TVA·IAM·ENIM·AD·EXTREMOS·FINES·GALLIAE·NAR
BONENSIS·VENISTI

TOT·ECCE·INSIGNES·IVVENES·QVOT·INTVEOR·NON·MAGIS·SVNT·PAENITENDI
SENATORES·QVAM·PAENITET·PERSICVM·NOBILISSIMVM·VIRVM·AMI
CVM·MEVM·INTER·IMAGINES·MAIORVM·SVORVM·ALLOBROGICI·NO
MEN·LEGERE·QVOD·SI·HAEC·ITA·ESSE·CONSENTITIS·QVID·VLTRA·DESIDERA
TIS·QVAM·VT·VOBIS·DIGITO·DEMONSTREM·SOLVM·IPSVM·VLTRA·FINES
PROVINCIAE·NARBONENSIS·IAM·VOBIS·SENATORES·MITTERE·QVANDO
EX·LVGVDVNO·HABERE·NOS·NOSTRI·ORDINIS·VIROS·NON·PAENITET
TIMIDE·QVIDEM·P·C·EGRESSVS·ADSVETOS·FAMILIARES·QVE·VOBIS·PRO
VINCIARVM·TERMINOS·SVM·SED·DESTRICTE·IAM·COMATAE·GALLIAE
CAVSA·AGENDA·EST·IN·QVA·SI·QVIS·HOC·INTVETVR·QVOD·BELLO·PER·DE
CEM·ANNOS·EXERCVERVNT·DIVOM·IVLIVM·IDEM·OPPONAT·CENTVM
ANNORVM·IMMOBILEM·FIDEM·OBSEQVIVM·QVE·MVLTIS·TREPIDIS·RE
BVS·NOSTRIS·PLVS·QVAM·EXPERTVM·ILLI·PATRI·MEO·DRVSO·GERMANIAM
SVBIGENTI·TVTAM·QVIETE·SVA·SECVRAM·QVE·A·TERGO·PACEM·PRAES
TITERVNT·ET·QVIDEM·CVM·AD·CENSVS·NOVO·TVM·OPERE·ET·IN·ADSVE
TO·GALLIS·AD·BELLVM·AVOCATVS·ESSET·QVOD·OPVS   QVAM·AR
DVVM·SIT·NOBIS·NVNC·CVM·MAXIME·QVAMVIS·NIHIL·VLTRA·QVAM
VT·PVBLICE·NOTAE·SINT·FACVLTATES·NOSTRAE·EXQVIRATVR·NIMIS
MAGNO·EXPERIMENTO·COGNOSCIMVS

Col. I

[---]mae rerum no[straru]m sit [utile---] /

Equidem primam omnium illam cogitationem hominum, quam /
maxime primam occursuram mihi provideo, deprecor, ne / quasi
novam istam rem introduci exhorrescatis, sed illa / potius cogitetis,
quam multa in hac civitate novata sint, et / quidem statim ab origine
urbis nostrae in quot formas / statusque res p(ublica) nostra diducta
sit. / Quondam reges hanc tenuere urbem, nec tamen domesticis
succes/soribus eam tradere contigit. Supervenere alieni et quidam
exter/ni, ut Numa Romulo successerit ex Sabinis veniens, vicinus
qui/dem sed tunc externus; ut Anco Marcio Priscus Tarquinius.
[Is] / propter temeratum sanguinem, quod patre Demaratho
C[o]/rinthio natus erat et Tarquiniensi matre generosa sed inopi,
/ ut quae tali marito necesse habuerit succumbere, cum domi re/
pelleretur a gerendis honoribus, postquam Romam migravit, /
regnum adeptus est. Huic quoque et filio nepotive eius, nam et /
hoc inter auctores discrepat, insertus Servius Tullius, si nostros /
sequimur, captiva natus Ocresia, si Tuscos, Caeli quondam Vi/
vennae sodalis fidelissimus omnisque eius casus comes, post/quam
varia fortuna exactus cum omnibus reliquis Caeliani / exercitus
Etruria excessit, montem Caelium occupavit et a duce suo / Caelio
ita appellitatus, mutatoque nomine, nam Tusce Mastarna / ei
nomen erat, ita appellatus est, ut dixi, et regnum summa cum rei
/ p(ublicae) utilitate optinuit. Deinde postquam Tarquini Superbi
mores in /visi civitati nostrae esse coeperunt, qua ipsius qua
filiorum ei [us], nempe pertaesum est mentes regni et ad consules,
annuos magis/tratus, administratio rei p(ublicae) translata est. /
Quid nunc commemorem dictaturae hoc ipso consulari impe/rium
valentius repertum apud maiores nostros, quo in a[s]/perioribus
bellis aut in civili motu difficiliore uterentur? / Aut in auxilium
plebis creatos tribunos plebei? Quid a consu/libus ad decemviros
translatum imperium, solutoque postea / decemvirali regno ad
consules rusus reditum? Quid in [pl]u/ris distributum consulare
imperium tribunosque mil[itu]m /consulari imperio appellatos,
qui seni et saepe octoni crearen/tur? Quid communicatos postremo
cum plebe honores, non imperi / solum sed sacerdotiorum quoque?
Iam si narrem bella, a quibus / coeperint maiores nostri, et quo
processerimus, vereor ne nimio / insolentior esse videar et quaesisse
iactationem gloriae pro/lati imperi ultra oceanum. Sed illoc potius
revertar. Civitat[em] //

Col. II

[---p]otest. Sane / novo m[ore] et divus Aug[ustus av]onc[ulus
m]eus et patruus Ti. / Caesar omnem florem ubique coloniarum
ac municipiorum, bo/norum scilicet virorum et locupletium, in
hac curia esse voluit. / Quid ergo? Non Italicus senator provinciali
potior est? Iam / vobis, cum hanc partem censurae meae adprobare
coepero, quid / de ea re sentiam, rebus ostendam. Sed ne
provinciales quidem, / si modo ornare curiam poterint, reiciendos
puto. / Ornatissima ecce colonia valentissimaque Viennensium,
quam / longo iam tempore senatores huic curiae confert ! Ex qua
colo/nia inter paucos equestris ordinis ornamentum L. Vestinum
fa/miliarissime diligo et hodieque in rebus meis detineo, cuius
libe/ri fruantur quaeso primo sacerdotiorum gradu, postmodo
cum / annis promoturi dignitatis suae incrementa; ut dirum nomen
la/tronis taceam, et odi illud palaestricum prodigium, quod
ante in do/mum consulatum intulit, quam colonia sua solidum
civitatis Roma/nae beneficium consecuta est. Idem de fratre eius
possum dicere, / miserabili quidem indignissimoque hoc casu, ut
vobis utilis / senator esse non possit. / Tempus est iam, Ti. Caesar
Germanice, detegere te patribus conscriptis, / quo tendat oratio
tua; iam enim ad extremos fines Galliae Nar/bonensis venisti. /
Tot ecce insignes iuvenes, quot intueor, non magis sunt paenitendi
/ senatores, quam paenitet Persicum, nobilissimum virum, ami/
cum meum, inter imagines maiorum suorum Allobrogici no/
men legere. Quod si haec ita esse consentitis, quid ultra desidera/
tis, quam ut vobis digito demonstrem, solum ipsum ultra fines /
provinciae Narbonensis iam vobis senatores mittere, quando / ex
Luguduno habere nos nostri ordinis viros non paenitet. / Timide
quidem, p(atres) c(onscripti), egressus adsuetos familiaresque
vobis pro/vinciarum terminos sum, sed districte iam Comatae
Galliae / causa agenda est, in qua si quis hoc intuetur, quod bello
per de/cem annos exercuerunt divom Iulium, idem opponat
centum / annorum immobilem fidem obsequiumque multis
trepidis re/bus nostris plus quam expertum. Illi patri meo Druso
Germaniam / subigenti tutam quiete sua securamque a tergo
pacem praes/tituerunt, et quidem cum a " b " census novo tum
opere et inadsue/to Gallis ad bellum avocatus esset; quod opus
quam ar/duum sit nobis, nunc cum maxime, quamvis nihil ultra,
quam / ut publice notae sint facultates nostrae, exquiratur, nimis
/ magno experimento cognoscimus.

Col. I

... sia utile ai nostri interessi...

E invero voglio allontanare quella prima riflessione di tutti voi, che prima di ogni altra prevedo mi si opporrà, affinché non inorridiate, come se questa mia proposta volesse introdurre una cosa nuova, e che piuttosto consideriate quante siano state le innovazioni in questa comunità e in quanti tipi e condizioni di governo sia stata ordinata la repubblica fin dall'origine della nostra città.

Un tempo i re ebbero il governo di questa città, e tuttavia non fu loro dato di tramandarlo a successori della propria famiglia. Sopraggiunsero individui di altre famiglie e alcuni addirittura forestieri, e così a Romolo successe Numa, proveniente dai Sabini, vicino senza dubbio, ma a quei tempi straniero. E allo stesso modo ad Anco Marcio successe il Prisco Tarquinio. Costui, a causa del sangue impuro, poiché suo padre era un corinzio di nome Demarato e la madre una tarquiniese nobile ma priva di mezzi, tanto da trovarsi nella condizione di dover soggiacere a un simile marito, essendo escluso in patria dalle cariche pubbliche, dopo essere emigrato a Roma ottenne il regno. Ugualmente Servio Tullio s'inserì tra costui e il figlio o il nipote di questo (anche su ciò non esiste accordo tra gli storici), se prestiamo fede ai romani nato da una schiava di nome Ocresia, se prestiamo invece fede agli etruschi, in un primo tempo amico fedelissimo di Celio Vibenna e compagno di ogni sua avventura; dopo che, da alterne fortune sospinto, venne via dall'Etruria con tutti i superstiti dell'esercito celiano, s'insediò sul monte Celio e lo chiamò così dal nome del suo comandante Celio e, cambiato nome (in etrusco era infatti chiamato Mastarna), si chiamò come ho detto, e acquisì il regno con massimo vantaggio per la cosa pubblica. Poi, quando i comportamenti di Tarquinio il Superbo, tanto i suoi quanto quelli dei figli, cominciarono a venire in odio alla nostra cittadinanza, l'animo dei romani n'ebbe proprio abbastanza della monarchia, e il governo della cosa pubblica fu trasferito ai consoli, magistrati annuali.

È superfluo ricordare ora l'imperio della dittatura, più forte ancora di quello consolare, escogitato dai nostri antenati affinché di esso ci si potesse servire nelle guerre molto rischiose o nelle più gravi turbolenze civili? Oppure i tribuni della plebe, istituiti in aiuto della plebe stessa? O ancora l'imperio trasferito dai consoli ai decemviri e, una volta sciolto il regno imposto dai decemviri, il suo ritorno di nuovo ai consoli? O l'imperio consolare diviso tra più soggetti e i tribuni dei soldati chiamati 'con imperio consolare', eletti nel numero di sei e spesso di otto? O infine le cariche condivise con la plebe, non solo quelle dotate d'imperio, ma anche i sacerdozi? E se ora raccontassi le guerre da cui i nostri antenati hanno preso le mosse e dove adesso siamo arrivati, temo di darei l'impressione di essere davvero troppo sfacciato, e di aver ricercato il vanto della gloria per l'impero esteso oltre l'oceano. Ma ritornerò piuttosto al nocciolo del mio discorso. La cittadinanza...

Col. II

...può. Con usanza certo nuova, sia il divino Augusto, mio prozio, sia Tiberio Cesare, mio zio, vollero che fosse presente in questa curia tutto il fior fiore, dovunque fosse, delle colonie e dei municipi, vale a dire cittadini onesti e ricchi. E allora? Forse un senatore italico non è preferibile a uno di provincia? Vi mostrerò ora con i fatti che cosa io pensi di questa faccenda, quando mi accingerò a farvi approvare questa parte della mia attività di censore. Ma non penso per questo che i provinciali, se possono recare ornamento alla curia, debbano essere respinti.

Ecco l'illustre e prospera colonia di Vienna: da quanto tempo è che fornisce senatori a questa curia! Originario di questa colonia è Lucio Vestino, vanto tra i più rari dell'ordine equestre, che io ho trai miei più cari amici e attualmente tengo occupato negli affari concernenti la mia amministrazione; i suoi figli, ve ne prego, possano godere del primo gradino dei sacerdozi, per ascendere, con il passare degli anni, nella carriera degli onori. Possa io tacere il nome funesto del brigante — l'odio quel fenomeno da palestra — nome che portò l'onore del consolato nella propria casa prima ancora che la sua colonia avesse ottenuto il beneficio pieno della cittadinanza romana. La stessa cosa potrei dire di suo fratello, degno di pietà, invero, e per nulla responsabile della vicenda che ha fatto sì che non potesse esservi utile come senatore.

È ormai il momento, Tiberio Cesare Germanico, che tu sveli ai padri coscritti dove voglia andare a finire il tuo discorso. Infatti sei ormai giunto agli estremi confini della Gallia Narbonense. Ecco, i tanti insigni giovani, quanti ne vedo qui, non sono da avere a fastidio come senatori più di quanto dia fastidio a Persico, uomo di altissimi natali, annoverare il nome di Allobrogico tra le immagini suoi antenati. E perciò se siete d'accordo che le cose stiano così, che altro potete desiderare più del fatto che io vi mostri coi dito che proprio il territorio che si trova oltre i confini della provincia Narbonese vi mandi già senatori, visto che non ci dispiace avere uomini del nostro ordine provenienti da *Lugdunum*?

Invero con una certa esitazione, padri coscritti, sono uscito dai confini provinciali a voi usuali e familiari, ma è necessario ormai trattare direttamente la questione della Comata. Se al riguardo qualcuno rivolge il pensiero al fatto che i Galli comati hanno duramente impegnato il divo Giulio con una guerra decennale, egli stesso contrapponga a ciò i cento anni di salda fedeltà e l'obbedienza più che sperimentata in molte circostanze per noi critiche. Essi garantirono al padre mio Druso, che procedeva alla conquista della Germania, una pace sicura e senza insidie alle spalle, benché egli fosse stato chiamato alla guerra interrompendo l'operazione del censimento, operazione nuova allora e insolita per i galli. Ora soprattutto stiamo sperimentando fin troppo bene quanto quest'impresa sia ardua per noi, malgrado essa non abbia altro scopo che quello di rendere conosciute in forma ufficiale le nostre risorse finanziarie.

Trascrizione del testo epigrafico di David Nonnis
Traduzione di Andrea Giardina

diploma militare, una sorta di piccolo attestato inciso su bronzo che conferiva la cittadinanza romana ai soldati *peregrini* dopo venticinque anni di servizio prestati in un corpo ausiliario, permettendo anche a figli e coniugi di beneficiare dei vantaggi del diritto romano.

La più grande azione militare del regno di Claudio è rappresentata dalla conquista della Britannia (parte dell'odierna Gran Bretagna). All'acquisizione di questo territorio, cruciale per il controllo del traffico marittimo della Manica e per lo sfruttamento delle risorse minerarie,

avevano già pensato Giulio Cesare e Caligola. La spedizione, che ebbe luogo nel 43, durò sei mesi: lungo il tragitto Claudio fece tappa a Lione, per poi imbarcarsi a Boulogne-sur-mer (*Gesoriacum*) e raggiungere l'isola, dove trascorse qualche giorno. Al suo ritorno a Roma celebrò il trionfo sui Britanni. Ma la realtà sul campo di battaglia fu alquanto diversa: il re Carataco resistette all'esercito romano fino al 51, e il nord dell'isola non fu conquistato dai romani, se non dopo due secoli. Claudio, tuttavia, ebbe il merito di introdurre

la Britannia nell'orbita militare, politica, sociale e culturale del continente.

Durante il suo regno, due grandi generali si distinsero nelle operazioni di frontiera: Aulo Plauzio in Britannia e Corbulone in Germania.

Le nuove province e i provvedimenti sui territori provinciali

Quello della Britannia rappresentò l'unico caso di conquista armata; nondimeno Claudio realizzò con strumenti diversi la provincializzazione di altri quattro territori: un record notevole, a testimonianza della potenza di Roma durante il suo regno.

Nel 42 suddivise in due province il territorio del regno di Mauritania (già bipartito in passato), il cui ultimo re Tolomeo - discendente di Antonio e Cleopatra e cugino della famiglia imperiale - era stato messo a morte da Caligola a Lione nell'inverno del 39/40. Claudio affidò la gestione delle due province a due procuratori di rango equestre. L'anno successivo, la Licia (lasciata libera dai romani per più di due secoli, ma afflitta ora da problemi endemici) fu trasformata in una provincia, che rimarrà 'autonoma' per circa trent'anni, prima di essere annessa da Vespasiano. Nel 46, la morte del re Rhoimetalkes III portò all'annessione e alla provincializzazione del regno di Tracia. Fu probabilmente intorno allo stesso anno che il Norico, lasciato indipendente da Augusto al tempo della conquista delle Alpi, fu annesso e provincializzato: la sua integrazione nel tessuto dell'Impero Romano rafforzò le difese danubiane e permise il controllo delle rotte tra il Danubio e l'Italia.

Claudio prese dei provvedimenti anche nei confronti dei regni amici sottoposti al dominio e all'influenza di Roma. Nel 41 restituì ad Agrippa I, divenuto re di

Charles Lebayle (Parigi 1856-1898), *Claudio acclamato imperatore.*

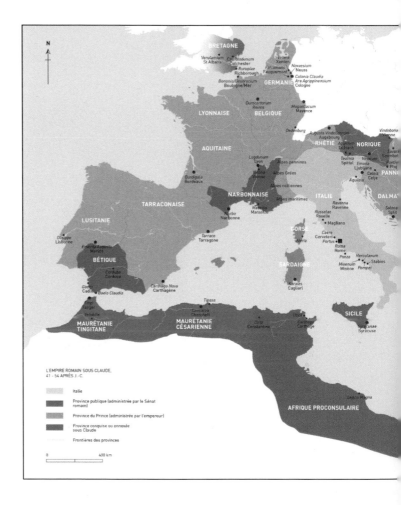

L'EMPIRE ROMAIN SOUS CLAUDE,
41 - 54 APRÈS J.-C.

- Italie
- Province publique (administrée par le Sénat romain)
- Province du Prince (administrée par l'empereur)
- Province conquise ou annexée sous Claude
- Frontières des provinces

0   400 km

Da *Claude. Un empereur au destin singulier*, Lienart Éditions 2018.

Giudea, tutti gli stati appartenuti al nonno Erode. Alla sua morte, avvenuta nel 44, alcuni dei suoi territori tornarono ad essere un distretto provinciale affidato ad un procuratore equestre sotto la guida del Governatore di Siria; altri furono successivamente restituiti al figlio Agrippa II, che alla morte del padre era ancora troppo giovane per governare. Sempre nel 44, Marco Giulio Cozio, discendente di Re Cozio, fu reinsediato sul trono del regno delle Alpi Cozie, dove regnò fino alla sua morte nel 63.

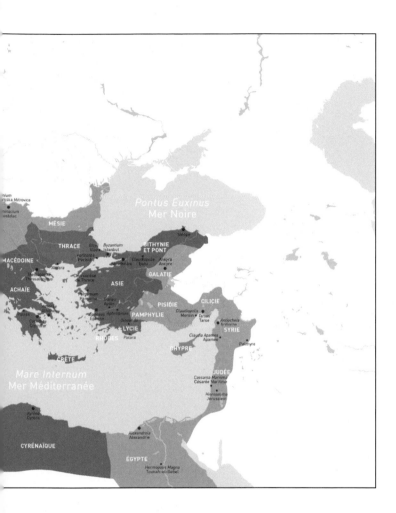

Claudio e Roma

Claudio si prodigò per la crescita e lo sviluppo di Roma. Parallelamente ai lavori al porto di Ostia, fece costruire nel Campo Marzio la *porticus Minucia Frumentaria*, luogo per la distribuzione di derrate alimentari agli aventi diritto della plebe di Roma. Nel 46 fece restaurare l'acquedotto dell'*Aqua Virgo* e l'anno successivo portò a termine il nuovo acquedotto dell'*Aqua Claudia*, a servizio del Celio e del Palatino. Nel 52 si data la dedica dei due acquedot-

Rilievo storico
noto come
*Rilievo dei
Pretoriani*, Parigi,
Museo del
Louvre (cat. 135)
(cat. 135).

ti dell'*Aqua Claudia* e dell'*Anio Novus*, attualmente visibile a Porta Maggiore; nel Campo Marzio, nel punto in cui l'*Aqua Virgo* scavalca la via *Lata*, fu eretto un arco monumentale per commemorare la vittoria britannica di Claudio; un altro arco monumentale fu costruito nel punto di convergenza di alcuni acquedotti, all'incrocio delle vie *Praenestina* e *Labicana*.

Oltre che in importanti opere pubbliche, volte a migliorare l'approvvigionamento idrico

dell'*Urbs*, Claudio investì anche in edifici per lo spettacolo: restaurò il teatro di Pompeo nel Campo Marzio e dotò il Circo Massimo di recinti di partenza in marmo.

Particolarmente devoto, l'imperatore dedicò un altare a Giove *Depulsor* sul Campidoglio e ricostruì il tempio della dea *Salus*, danneggiato da un incendio. Nel 43 dedicò l'*Ara Pietatis,* l'Altare della pietà, situato nel Campo Marzio vicino all'Altare della pace augustea (*Ara Pacis Augustae*). Nel 48 organizzò dei Giochi, impropriamente chiamati Secolari, per celebrare gli ottocento anni dalla fondazione di Roma. Grazie alla sua politica di conquista e di annessione territoriale, l'imperatore riuscì ad ampliare il *pomerium*, il confine sacro della città di Roma.

Claudio e Ostia

L'approvvigionamento di grano di Roma rimase una preoccupazione costante per l'imperatore. Già Caligola aveva avviato dei lavori per mettere in sicurezza la flotta annonaria, minacciata da tempeste. La fame rendeva pericolosa la plebe romana. Durante un periodo di grave carestia, Claudio rischiò persino la vita: mentre attraversava il Foro Romano fu circondato dalla folla affamata che cominciò a colpirlo violentemente con croste di pane; l'imperatore riuscì a fuggire sul Palatino attraverso una porta segreta. Fu allora che decise di intraprendere una serie di lavori monumentali ad Ostia, dotandola di un molo e di un faro che si affacciava su un grande bacino portuale, dove le imbarcazioni potevano trovare riparo, e su una darsena, dove si effettuava-

Ippolito Caffi (1809-1866) *Acquedotto di Claudio*, intorno al 1857.

aver soggiornato nelle proprietà delle diverse mogli. A metà degli anni Venti, il suo primo figlio, nato dal matrimonio con Plauzia Urgulanilla, morì accidentalmente ad Ercolano, dove Claudio o sua moglie dovevano avere dei possedimenti. La residenza preferita di Claudio pare fosse il palazzo di Baia, nella parte settentrionale del Golfo di Napoli; di questa villa si conosce la disposizione di una sala da pranzo e delle statue che la decoravano (di cui una raffigurante il ciclope Polifemo, soggetto scelto anche da Tiberio nella villa di Sperlonga).

Nello svolgimento delle molteplici attività di ordinaria amministrazione, il principe era perennemente circondato da uno stuolo di persone, addette alle mansioni più diverse. Anche le riunioni con il consiglio e le udienze dovevano occupare buona parte delle sue giornate, così come le sessioni del Senato nei periodi dell'anno in cui esso si riuniva. Possiamo presumere che Claudio, come Augusto e Tiberio prima di lui, abbia saputo ritagliarsi dei momenti di svago e di studio: lasciò libri di memorie e opere erudite, si occupò di filologia e fece inoltre aggiungere nuove lettere all'alfabeto, attestate dalle iscrizioni del suo tempo.

Jacques-François-Fernand Lematte (Saint-Quentin, 1850-Gallardon, 1929) *La Morte di Messalina*, particolare.

no le operazioni di carico e scarico. In questo senso, l'opera di Claudio contribuì a dotare Roma di strutture portuali adeguate alle dimensioni acquisite.

La vita quotidiana del principe

Già prima della sua ascesa, Claudio poteva disporre di diverse dimore romane, tra cui una casa sul Celio, non lontano dal Palatino. Come tutti i membri della famiglia imperiale, egli trascorreva le sue giornate tra Roma e le varie residenze situate nei dintorni della capitale, oppure in Campania, in riva al mare o in zone rurali che offrivano scorci panoramici di particolare fascino. Deve anche

Claudio e Messalina

Dopo essersi separato da Elia Petina, parente del prefetto caduto Seiano, Claudio restò solo per altri sette o otto anni. Si risposò quarantottenne, all'inizio del regno

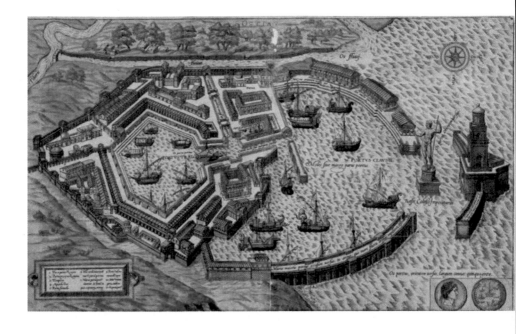

di suo nipote Caligola, intorno all'anno 38. La scelta ricadde su una parente prossima, nata dall'unione di due cugini di primo grado di Claudio: Messalla Barbato (nipote di Marcello e di Ottavia sorella di Augusto) e Domizia Lepida (discendente dal matrimonio di Ottavia con Marco Antonio). La sposa, Messalina, era ancora una bambina all'epoca (aveva circa tredici anni), di una quarantina d'anni in meno del marito. L'anno seguente la ragazza diede alla luce una figlia, chiamata Ottavia in onore della nonna di entrambi. A metà febbraio dell'anno 41, Messalina diede al nuovo imperatore un figlio maschio, che nel 43 ricevette il nome di Britannico. Dopo

l'ascesa del marito, Messalina non fu oggetto di onori solenni da parte del Senato (il titolo di Augusta, attribuitole da alcune monete d'Asia Minore, non le fu in realtà mai conferito); tuttavia la sua fertilità, segno del favore degli dei, fu ampiamente sfruttata dalla propaganda imperiale.

Il ruolo della giovane donna alla corte del marito rimane difficile da valutare, a causa dell'immagine di depravata che la storiografia, in maniera del tutto arbitraria, le ha affibbiato. Forte della sua posizione di moglie dell'imperatore e madre del giovane principe, oltre che consanguinea di Augusto, Messalina entrò in contrasto con alcuni

Veduta dell'antico porto di Ostia (acquaforte acquerellata, Museo di Roma, Gabinetto delle Stampe).

Agrippina Minore che incorona suo figlio Nerone (particolare), rilievo del *Sebasteion* di Afrodisia (Turchia).

senatori; nel 47 creò discordia tra Claudio e il senatore *D. Valerius Asiaticus*, il primo tra i Galli ad aver ottenuto l'onore del consolato, e a seguito della cui condanna la donna recuperò i sontuosi giardini sul Pincio. Nello stesso anno Claudio eliminò suo genero *Cn. Pompeius Magnus,* marito della figlia maggiore Antonia, che fu fatta sposare con il fratello uteri-

no di Messalina, Fausto Cornelio Silla Felice. È certo che all'epoca la corte imperiale era scossa da violenti antagonismi. L'anno seguente, nel 48, una congiura vide protagonista la stessa Messalina: dopo dieci anni di matrimonio, la donna approfittò dell'assenza di Claudio per sposare il giovane senatore Silio, nella speranza di porlo alla testa dell'impero. Claudio scoprì i piani della coppia e li fece eliminare. Messalina fu costretta al suicidio, assistita dalla madre: aveva solo ventitré anni. Ottant'anni dopo queste vicende Giovenale diffonderà l'immagine di una Messalina depravata e meretrice, una figura che pare distanziarsi molto da quella di una giovane imperatrice che si era avventatamente lasciata coinvolgere in un complotto, finendo per esserne sopraffatta.

Claudio e Agrippina

Claudio desiderò risposarsi al più presto. Molte pretendenti furono respinte (tra queste, la seconda moglie Elia Petina e Lollia Paulina, una delle spose di Caligola). La prescelta fu la nipote Agrippina, sorella di Caligola, figlia del fratello Germanico e della nipote di Augusto Agrippina Maggiore. Nata intorno al 15/16, si sposò giovanissima nel 28 con *Cn. Domitius Ahenobarbus*, discendente di Ottavia e Marco Antonio e zio di Messalina. Nel 37 gli diede un figlio: il futuro imperatore Nerone. Rimasta vedova nel 39, fu esiliata da Caligola insieme alla sorella Livilla. Richiamata da Claudio, si risposò con uno dei favoriti dell'imperatore, *C. Sallustius Crispus Passienus*. Di nuovo vedova, si risposò nel 49 con lo zio, che la scelse per via del suo lignaggio (secondo le consuetudini della dinastia erodiana, a cui Claudio era legato, il matrimonio tra zio e nipote era possibile). Agrippina acquisì un considere-

vole peso politico: nel 50 ricevette dal Senato il titolo di Augusta (che Messalina non aveva mai ottenuto); inoltre poté beneficiare dell'appoggio del liberto *Pallas* e di Seneca (senatore originario di Cordoba, era stato esiliato da Claudio con l'accusa di adulterio con Livilla, sorella di Caligola e Agrippina; Agrippina lo fece richiamare e lo volle come tutore del figlio Nerone).

Claudio e i suoi figli

Durante il regno di Claudio, solo tre dei suoi figli erano ancora in vita. La figlia maggiore Antonia, nata intorno al 25-27 da Elia Petina, fu fatta sposare in seconde nozze con il fratellastro di Messalina, dopo che il primo marito era stato eliminato da Claudio. Il suo secondo marito ottenne un consolato nel 52; la giovane coppia rappresentava una possibile alternativa politica.

Ottavia e Britannico, nati rispettivamente nel 39 circa e nel 41, dopo l'eliminazione della madre rimasero sotto l'egida della potente famiglia materna. La loro nonna, Domizia Lepida, cugina di Claudio, cognata di Agrippina e zia di Nerone, era molto influente a corte. Non c'è dubbio che Claudio sospettasse di questa famiglia. Tuttavia, Ottavia servì da strumento per consolidare i legami con Agrippina: la bambina fu fatta fidanzare con Nerone nel 49 (stesso anno in cui suo padre si risposò) e le nozze furono celebrate nel 53, l'anno prima della morte di Claudio. Il piccolo Britannico, unico figlio maschio

Statua di un fanciullo in toga: Britannico (?). Firenze, Galleria degli Uffizi.

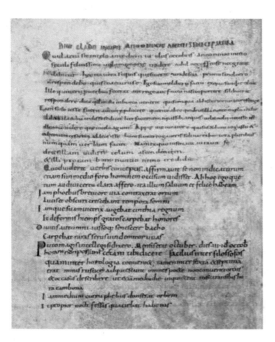

Pagina di apertura di Ἀποκολοκύντωσις (Satira sulla morte di Claudio), in *Vite dei Papi e Martiri Paleocristiani*. Estratti. Seneca, Ἀποκολοκύντωσις, Varia, pergamena, IX-X secolo. St. Gallen, St. Gallen Stiftsbibliothek.

in vita, fu strategicamente tenuto fuori dagli affari dal padre, in ragione della sua giovane età. Ma poco prima di morire Claudio dimostrò un certo interesse per questo figlio, prossimo ad indossare la toga virile, circostanza che indubbiamente non mancò di allarmare Agrippina.

Claudio e Nerone

Durante la propria infanzia e adolescenza Agrippina poté osservare l'esempio fornito dal prozio Tiberio e dalla trisavola Livia, le cui manovre consentirono di estromettere dalla successione i discendenti più prossimi di Augusto. Forte di questo precedente,

Agrippina riuscì ad imporre il figlio Nerone a discapito del figlio di Claudio, Britannico. Nerone aveva quattro anni in più del figlio dell'imperatore, il che gli assicurò un discreto vantaggio nella corsa alla successione. Nel 50, un anno dopo il matrimonio di Claudio e Agrippina e il fidanzamento di Ottavia e Nerone, quest'ultimo fu adottato da Claudio. Nel 51 il giovane ricevette svariati titoli e poteri: l'imperatore aveva scelto il suo successore.

I due anni successivi furono carichi di tensione, a causa dell'età ormai avanzata del Principe. Nel 52 Claudio si ammalò gravemente e si temette per la sua vita. Si riprese e l'anno seguente Agrippina riuscì a convincerlo ad uccidere Domizia Lepida, madre di Messalina e zia di Nerone, che esercitava una grande influenza sul giovane. Agrippina si liberò allora di una pericolosa rivale.

La morte di Claudio

Il 13 ottobre del 54 Claudio morì dopo aver ingerito dei funghi. La sua salute cagionevole e l'assenza effettiva di prove ci impediscono di affermare con sicurezza che fu avvelenato da Agrippina, anche se tutte le fonti ne insinuano il sospetto. È innegabile però che la scomparsa di Claudio giunse al momento giusto. Grazie all'aiuto di Seneca e del prefetto del pretorio Burro, la notizia della morte di Claudio rimase segreta fino al giorno seguente, quando già fervevano i preparativi per la proclamazione di Nerone come imperatore. Britannico, troppo giovane, venne allontanato.

Nerone e Agrippina riuscirono in questa circostanza ad autolegittimarsi: Agrippina favorì la divinizzazione di Claudio da parte del Senato, divenendo sacerdotessa del culto del marito; per Claudio fu costruito un tempio sul Celio, probabilmente là dove sorgeva la sua dimora privata.

Negli anni successivi Nerone riuscì a sbarazzarsi di tutti i rivali e ad affrancarsi da ogni tutela. Nel 55 fece uccidere Britannico per avvelenamento. Nel 58, il genero di Claudio, *Faustus Cornelius Sulla Felix*, marito della figlia Antonia e fratellastro di Messalina, venne eliminato. Nella primavera del 59 Nerone fece uccidere la madre Agrippina, con la quale i rapporti si erano nel frattempo irrimediabilmente deteriorati. Nel 62 l'imperatore rifiutò definitivamente la "legittimità claudiana" ripudiando la moglie Ottavia (figlia di Claudio e Messalina), mandata dapprima in esilio in Campania e poi sull'isola di Pandataria (odierna Ventotene), dove fu infine messa a morte. Nerone si risposò con Poppea; quando la donna morì nel 65, l'imperatore chiese la mano della figlia maggiore di Claudio, Antonia, la quale pagò il suo rifiuto con la vita. Il 9 giugno 68 Nerone, proclamato nemico pubblico dal Senato, si suicidò: fu la fine della dinastia giulio-claudia.

Frammento di pittura murale: *Natura morta con tordi e funghi*, della Casa dei Cervi ad Ercolano, metà del I secolo. Napoli, Museo Archeologico Nazionale.

Cammeo: Claudio (o Nerone) in veste di Trittolemo e Messalina (o Agrippina Minore) in veste di Demetra, San Pietroburgo Museo dell'Ermitage.

Crediti fotografici

Finito di stampare nel mese di luglio 2019 per conto de
«L'ERMA» di BRETSCHNEIDER
da Services4Media
Viale Caduti di Nassiriya, 39, 70124 - Bari